LOUIS-PHILIPPE Ier,

ROI DES FRANÇAIS.

LOUIS-PHILIPPE IER,

ROI DES FRANÇAIS.

Notice extraite de l'Annuaire Historique et Biographique de France, des Souverains et des personnages distingués dans les diverses nations, Année 1844 (I), à la direction des Archives, rue Richelieu, 95, à Paris.

Sa Majesté LOUIS-PHILIPPE Ier, *roi des Français, naquit à Paris, le 6 octobre 1775, de Louis-Philippe-Joseph* d'Orléans *et de Louise-Marie-Adélaïde* de Bourbon - Penthièvre. *Il épousa, le 25 novembre 1809,* Marie-Amélie, *fille du roi des Deux-Siciles, et fut élu roi des Français par les Chambres législatives, le 9 août 1830.*

A l'âge de huit ans, Louis-Philippe, alors duc de Chartres, fut confié par son père à madame la comtesse de Genlis. — Sous la direction de cette habile institutrice, il reçut une éducation forte, qui lui fut précieuse dans la bonne comme dans la mauvaise fortune ; l'étude des langues étrangères, des sciences et des lettres occupa sa laborieuse jeunesse.

En 1785, le duc de Chartres était colonel au 14e régiment de dragons ; en 1787, âgé de 14 ans, il se rendit à Givet pour inspecter le régiment de Chartres.

(I) Cet ouvrage présente seulement l'indication des actes de la vie et du règne des souverains. — Des inscriptions plus détaillées et plus complètes se placent dans les Archives.

1844

infanterie, dont il était colonel propriétaire ; — le 1er janvier 1789, il fut nommé chevalier du Saint-Esprit.

Lorsque la révolution éclata, le DUC DE CHARTRES touchait à sa seizième année. Son père s'exilait alors en Angleterre; et le jeune prince, assidu aux séances de l'Assemblée nationale, commençait à y applaudir les plus illustres orateurs. Le 1er septembre 1790, il fut reçu membre de la Société des Amis de la Révolution.

Au mois d'août 1791, il quitta Vendôme avec son régiment pour se rendre à Valenciennes. — En 1792, il fit ses premières armes sous le duc de Biron. — Il prit part aux premières hostilités entre les Autrichiens et les troupes françaises. — Le brevet de maréchal-de-camp fut la récompense de son glorieux début. — Il assista ensuite à la bataille de Courtrai; et le 11 septembre il fut promu au grade de lieutenant-général. — Le 20, il se signala à Valmy. — Le 6 novembre, il se couvrit de gloire à Jemmapes. — Peu après il se distingua au siége de Maëstricht.

Le 31 mars 1793, DUMOURIEZ et le DUC DE CHARTRES, décrétés d'accusation et appelés à la barre du Comité de Salut-Public, se dirigèrent le lendemain vers la frontière. — Après avoir traversé la Belgique et les provinces rhénanes, le Duc se dirigea sur Bâle, de là, sur Schaffouse, où il rejoignit sa sœur, mademoiselle D'ORLÉANS, et madame DE GENLIS. — Le 6 mai, ils partirent ensemble pour Zurich; mais peu de temps après, le prince se sépara de sa sœur pour retourner à Bâle, où il vendit ses chevaux, qui étaient alors la seule propriété qui lui restât.

Supportant noblement l'infortune , en 1793 il fut
admis, après des examens sévères, comme professeur
au collége de Reichenau, dans le canton des Grisons ;
il y enseigna pendant huit mois, avec beaucoup de
succès, les langues française et anglaise, les mathé-
matiques, la géographie et l'histoire, jusqu'au moment
où il apprit la mort de son père, qui, rentré en France,
périt sous la hache révolutionnaire, malgré les gages
qu'il avait voulu donner à la liberté.

Le DUC DE CHARTRES, devenu alors DUC D'ORLÉANS, se
décida à cette époque à quitter la Suisse, et voyant sa
sœur en sûreté dans un asyle qui lui avait été offert en
Hongrie, il se rendit à Hambourg, puis à Copenhague
et à Elseneur. — Il traversa le Sund et entra en Suède ;
de là il se dirigea sur la Norwége ; il longea les côtes
de ce dernier pays, et alla voir le Mahlstrom. Bientôt
après, voyageant à pied, il alla parcourir la Laponie.
Il arriva jusqu'à la pointe la plus septentrionale du
globe, au Cap-Nord, le 20 août 1795. Traversant une
seconde fois la Laponie suédoise, il arriva à Stockholm
vers la fin d'octobre. — En 1796, après avoir repassé
le Sund, il se rendit à Hambourg.

Arrivé dans le Holstein , il reçut une lettre de sa
mère qui lui apprenait que le Directoire promettait la
levée du séquestre de ses biens et la liberté de ses
autres fils, toujours détenus, à condition que tous trois
s'embarqueraient pour l'Amérique ; cédant aux in-
stances de sa mère, il sortit de l'Elbe à bord du vaisseau
américain l'*America*, le 24 septembre 1796. — Le
prince arriva, le 21 octobre suivant, à Philadelphie,
où ses frères le rejoignirent dans le mois de février
1797. Ils se rendirent de là à Baltimore, puis en Vir-

ginie, parcoururent plusieurs États, allèrent visiter les tribus indigènes refoulées au loin par les Européens, et, après avoir vu le Saut du Niagara, ils revinrent à Philadelphie. — Leur mère ayant été momentanément réintégrée dans la jouissance de ses biens, leur fit parvenir des secours pour quitter cette dernière ville.

Ils entreprirent alors un voyage vers le nord ; à Boston, ils apprirent qu'à la suite de la journée du 18 fructidor, une loi venait de décréter l'expulsion hors de France, de tous les membres de la famille des Bourbons, sans en excepter leur respectable mère : cette princesse fut déportée en Espagne.—La première pensée de ses enfants fut d'aller la rejoindre.

Le 10 décembre, ils quittèrent Philadelphie, descendirent l'Ohio et le Mississipi, et arrivèrent à la Nouvelle-Orléans le 17 février 1798 ; de là ils furent transportés à la Havane par une frégate anglaise.

Le 21 mai 1799, un ordre d'Aranjuez enjoignit au capitaine général de Cuba de reléguer les princes à la Nouvelle-Orléans. — Ils touchèrent d'abord aux îles Bahamas, puis à Halifax, et montèrent sur un petit navire qui les transporta à New-York, où un paquebot anglais les conduisit à Falmouth; en février 1800, ils étaient à Londres.

Le DUC D'ORLÉANS obtint du gouvernement anglais d'être transporté avec ses frères, sur une frégate, à l'île Minorque. — De Mahon, une corvette napolitaine les conduisit à Barcelone; mais ils ne purent pénétrer dans l'intérieur de l'Espagne, et furent obligés de regagner l'Angleterre.

Le DUC D'ORLÉANS s'établit enfin avec ses deux frères

dans un modeste asyle à Twickenham. Il y mena une vie retirée, étudiant l'économie politique, l'administration et les lois de l'Angleterre.

C'est pendant ce séjour que le duc de MONTPENSIER succomba à une maladie de poitrine, en 1807. Le comte de BEAUJOLAIS était atteint de la même maladie ; le DUC D'ORLÉANS s'embarqua avec lui pour Naples, où ils arrivèrent dans les premiers jours de l'année 1808. Le comte de BEAUJOLAIS mourut à l'âge de vingt-huit ans dans l'île de Malte. — Resté seul, le DUC D'ORLÉANS partit pour Messine. Il trouva en Sicile une nouvelle famille. Ferdinand IV parut disposé à cimenter par un mariage l'attachement que le prince avait inspiré à la famille royale. A cette époque, jaloux de soutenir les Bourbons, le roi des Deux-Siciles engagea le DUC D'ORLÉANS à accompagner en Espagne Léopold, son second fils. — Le prince accepta cette mission. Lorsqu'ils arrivèrent à Gibraltar, le gouverneur leur défendit d'entrer en Espagne, et le DUC D'ORLÉANS fut reconduit en Angleterre sur le même bâtiment qui l'avait amené de Palerme.

En 1808, il arriva à Londres et voulut rejoindre sa mère à Figuières. Au moment de s'embarquer, il fut rejoint par sa sœur, et ils firent voile alors ensemble pour la Méditerranée. Ils arrivèrent à Naples au commencement de 1809.

Informé que ses ennemis cherchaient à faire manquer son mariage, que le roi des Deux-Siciles avait projeté pour lui, le DUC D'ORLÉANS se rendit en toute hâte à Palerme. Le 15 octobre, sa mère l'y rejoignit. Le contrat fut signé le même jour. Le 25, les époux reçurent la bénédiction nuptiale. — Un commandement lui fut alors offert par la junte de Séville ; le Duc l'accepta.

Le 21 mai 1810, parti de Palerme, il aborda à Tarragone ; mais ne trouvant pas les pouvoirs nécessaires pour que le commandement lui fût remis, il se décida à se rembarquer pour Cadix, où il toucha le 20 juin. Les Cortès désapprouvant la pensée de recourir au Duc, il remonta le 3 novembre sur une frégate espagnole, et revint à Palerme peu de temps après la naissance du duc de Chartres, son fils aîné.

Le 23 avril 1814 , un vaisseau anglais répandit à Palerme la nouvelle de la chûte de Napoléon et le rétablissement des Bourbons sur le trône de France. — Arrivé à Paris, le 18 mai , le DUC D'ORLÉANS fut reçu avec bienveillance par Louis XVIII, qui lui dit : « *Il y a vingt-cinq ans vous étiez lieutenant-général, vous l'êtes encore.* »

Au mois de juillet de la même année, le prince alla chercher sa famille à Palerme.—Mais le retour de l'île d'Elbe vint remettre en question l'avenir de la maison de Bourbon. — Le DUC D'ORLÉANS fut envoyé à Lyon , près du COMTE D'ARTOIS, pour s'opposer à la marche de l'Empereur. — Dans un conseil présidé par MONSIEUR , il reconnut l'impossibilité d'empêcher NAPOLÉON de rentrer dans la seconde ville du royaume. — De retour à Paris, il fit partir sa femme et ses enfants pour l'Angleterre ; sa sœur ne voulut pas le quitter. — Le 16 mars, le DUC D'ORLÉANS accompagna le roi dans sa voiture à la séance royale.

Lorsque Napoléon fut rentré dans Paris à la tête des

troupes envoyées contre lui, le Duc commandait le
département du Nord. — Le roi, arrivé à Lille le 22,
en partit le lendemain, et quitta la France sans laisser
d'instructions au DUC D'ORLÉANS, qui alla rejoindre sa
famille en Angleterre.

Après la journée de Waterloo, les Bourbons étant
rentrés une seconde fois en France, le Duc revint à
Paris à la fin de juillet 1815. — Après avoir fait lever
le séquestre de ses biens, il repassa le détroit pour
aller chercher sa famille. — A son retour, au mois de
septembre, il vint siéger à la Chambre des pairs. Cet
accomplissement de ses devoirs le fit accuser de cou-
rir après la popularité ; mais pour donner aux passions
le temps de se calmer, il s'imposa un exil volontaire,
et il revit Twickenham pour la troisième fois.

En 1817, de retour en France, il se consacra ex-
clusivement à l'éducation de sa nombreuse famille et
à l'administration de ses biens, qui s'augmentèrent
tant par le recouvrement des domaines non aliénés, que
par les millions qui lui furent assignés par la loi d'in-
demnité.

Sous le règne de Louis XVIII, il vécut presque en-
tièrement renfermé dans son intérieur. — Il fit profiter
ses fils des avantages de l'éducation publique, en les
envoyant de bonne heure sur les bancs du collége. —
Après le mariage du duc de BERRY avec une nièce de
la duchesse D'ORLÉANS, le Duc paraissait plus souvent
à la cour ; cependant Louis XVIII ne l'accueillit jamais
cordialement ; il refusa toujours obstinément de donner le titre d'Altesse Royale aux princes d'Orléans et
de Condé.

A son avènement au trône , Charles X répara cette injustice, et consentit à ce que le DUC DE BOURBON transmît son héritage au DUC D'AUMALE. — Le roi et sa famille assistèrent à un bal donné par le DUC D'ORLÉANS.

Le 5 juillet 1830, Alger capitule.—Le 26 paraissent les ordonnances contraires à la constitution ; le 27 commence la révolution ; les Tuileries et le Louvre sont au pouvoir du peuple. — Le DUC D'ORLÉANS apprend à Neuilly que la Chambre des députés lui confère le titre de lieutenant général ; il accepte , guidé par le désir de préserver la France de l'anarchie. Il se rend à l'Hôtel-de-Ville, où il est reçu par la commission municipale. — Le 1er août , une ordonnance du lieutenant général prescrit de reprendre les couleurs nationales ; les Chambres sont convoquées pour le 3 août. —Le 4, le *Moniteur* annonce que le lieutenant-général a déposé aux Archives de la Chambre des pairs l'acte d'abdication de Charles X et du Dauphin , en faveur du duc de Bordeaux, sous le nom de Henri V.

Le 6 août, la Cour de cassation, la Cour des comptes, la Cour royale de Paris et le Conseil royal de l'instruction publique vinrent présenter leurs hommages au lieutenant général.—Le même jour, M. E. Salverte demande la mise en accusation des ministres signataires des ordonnances, et des modifications sont proposées à la Charte de 1814.

Le 7, la Chambre des députés, comprenant que la monarchie seule pouvait préserver la France de plus grands troubles, appelle au trône S. A. R. LOUIS-PHILIPPE D'ORLÉANS, DUC D'ORLÉANS. — Le prince, précédé de quatre maréchaux de France , et suivi de ses deux fils aînés, se rend à la Chambre des députés, et jure, en acceptant la couronne, devant les deux Chambres qui s'étaient réunies, d'observer la Charte constitutionnelle.

Les commencements du règne de LOUIS-PHILIPPE furent difficiles ; il fut attaqué par les partis ; mais, secondé par les Chambres, appuyé par la garde nationale et par la majorité des citoyens dévoués au maintien de la tranquillité publique, le Roi traversa courageusement ces temps orageux.

En 1831, le procès des ministres de Charles X, la destruction de l'Archevêché, l'émeute de Saint-Germain-l'Auxerrois furent les épisodes les plus marquants de cette époque de troubles. — Dans cette même année, le Roi parcourut la France.

En 1832, le roi des Belges, Léopold, épousa l'aînée des filles de LOUIS-PHILIPPE. — Les Français occupèrent Ancône. — Des traités de commerce furent conclus ou renouvelés avec les États-Unis, avec les républiques du Mexique et d'Haïti. — Au mois de juillet, l'escadre française fit capituler don Miguel. — La Vendée fit une levée de boucliers.

Les 5 et 6 juin, la mort du général Lamarque est l'occasion d'une tentative de contre-révolution. — La garde nationale et la troupe de ligne emportent l'église Saint-Merry, où s'étaient retranchés les rebelles. — Contrairement à la loi du 10 avril 1832, qui excluait les Bourbons du territoire français, la duchesse de Berry vint se mettre à la tête d'un parti en Vendée ; elle est arrêtée à Nantes par la trahison de Deutz, et emprisonnée dans le château de Blaye, dont le général Bugeaud fut nommé commandant.

Le 15 novembre, l'armée française entre en Belgique ; elle s'empare de la citadelle d'Anvers et la remet aux Belges.

Le 19 du même mois, jour de l'ouverture des Chambres, le Roi débouchait par le Pont-Royal : un homme s'avance entre deux soldats qui présentaient les armes, et tire un coup de pistolet sur Sa Majesté. — Le coup ne porte pas, le Roi continue sa route et ouvre les Chambres. — Vers la fin de l'année, le Roi parcourut plusieurs départements.

En 1834, la garde nationale et la ligne triomphent de la triple insurrection de Lyon, de Paris et de Grenoble.

Le 28 juillet 1835, jour de la revue de la garde nationale et de l'armée, le Roi passait sur les boulevarts, lorsqu'une forte détonation se fait entendre. A l'instant le maréchal Mortier, six généraux, deux colonels, neuf officiers, vingt-un spectateurs sont frappés plus ou moins grièvement ; onze tombent sans vie, sept ne survivent que peu d'heures ou peu de jours. — Une balle n'atteignit heureusement que la surface du front du Roi. — Cette même année, l'armée d'Afrique fit l'expédition de Mascara.

Le 26 juin 1836, un fanatique (Alibaud) introduit dans la voiture du Roi une canne-fusil ; il l'appuie sur la portière et la décharge en la dirigeant sur Sa Majesté.... Cette fois encore, la Providence garantit le souverain. — Le 5 octobre, la tentative du prince Louis-Napoléon, à Strasbourg, donne une nouvelle preuve de la fidélité de l'armée.

Le 27 décembre, jour où la session de 1837 allait s'ouvrir, un nouvel attentat à la vie du Roi est commis

par Meunier. — Le 25 avril 1837, la Chambre des
pairs condamne le régicide à la peine des parricides ;
mais le Roi annonce à la mère du coupable qu'il a
commué sa peine.

Le 30 mai 1837 a lieu à Fontainebleau le mariage
du duc d'Orléans avec une princesse de Mecklembourg.
— Une amnistie est la suite de cette union.

Le 10 juin, Louis-Philippe ouvre les portes du Musée
de Versailles, que sa pensée patriotique dédie à toutes
les gloires de la France. — En Afrique, l'armée française s'empare de Constantine.

En 1838, une escadre française est envoyée dans le
golfe du Mexique, et s'empare du célèbre fort de Saint-
Jean-d'Ulloa.

En 1839, le 12 mai, une insurrection républicaine
est comprimée à Paris par la garde nationale et par
les troupes en garnison dans la capitale.

En 1840, un nouvel attentat est commis par Darmès
sur Sa Majesté. — La question d'Orient fait craindre à
cette époque une conflagration européenne. — M. Guizot
remplace M. Thiers. — Des concessions sont faites ;
la guerre est évitée. — Cette même année, le Roi annonce aux Chambres qu'il a chargé son fils, le prince
de Joinville, d'aller chercher à Sainte-Hélène les cen-
dres de l'Empereur. — Ces restes glorieux furent
transférés aux Invalides, au milieu d'un concours im-
mense ; le Roi présida à cette solennité nationale, une
des plus imposantes que puisse offrir l'histoire des
peuples.

Le 13 juillet 1842, la mort de l'héritier présomptif
de la couronne vint couvrir de deuil la France entière.
(Les chevaux du prince s'étant emportés, il tomba de

sa voiture et mourut sur la place.) — Le 26 juillet les Chambres sont convoquées ; elles votent la loi de régence qui fixe la majorité à dix-huit ans, et confère la régence au prince le plus proche du trône dans l'ordre de succession.

En septembre 1843, la reine d'Angleterre vient visiter le Roi des Français, dans son château d'Eu, en Normandie.

Une inscription plus complète de tous les actes de la vie et du règne de S. M. LOUIS-PHILIPPE *sera placée dans les Archives Historiques du siècle,* Ire *partie des souverains, qui se publient* A LA DIRECTION, RUE RICHELIEU, 95, A PARIS. — Voir, *pour ces* Archives, *la préface de l'Annuaire des Souverains, en* 1844.

LOIS, TRAITÉS

ET

TRAVAUX D'UTILITÉ PUBLIQUE,

SOUS LE RÈGNE DE S. M. LOUIS-PHILIPPE,

JUSQU'EN JANVIER 1844.

LOIS.

1830. — Sur l'attribution au jury des délits de la presse et des délits politiques. — Sur l'institution du jury en Corse. — Sur les crieurs et afficheurs publics ; — Sur la réélection des députés promus aux fonctions publiques.

1831. — Sur la répression de la traite des noirs. — Sur l'organisation municipale. — Sur l'organisation des gardes nationales en France. — Sur les élections à la Chambre des Députés. — Sur les pensions de l'armée de terre et de mer. — Sur la suppression de l'hérédité de la pairie.

1832. — Sur le recrutement de l'armée. — Sur l'avancement dans l'armée. — Sur les modifications relatives au Code d'Instruction criminelle et au Code Pénal. — Sur la contrainte par corps.

1833. — Sur l'instruction primaire. — Sur les associations.

1834. — Sur l'état des officiers. — Sur l'organisation de la justice en Algérie.

1835. — Sur les crimes et délits de la presse. — Sur les Cours d'assises.

1836. — Sur les chemins vicinaux. — Sur l'établissement de plusieurs lignes de chemins de fer.

1837. — Sur les Caisses d'épargne. — Sur l'unité dans le système des poids et mesures. — Sur l'administration municipale.

1838. — Sur les tribunaux de première instance. — Sur l'exploitation des mines. — Sur les attributions des Conseils-généraux et des Conseils d'arrondissement. — Sur les justices de paix. — Sur les faillites et banqueroutes. — Sur les aliénés.

1839. — Sur l'importation des sucres. — Organisation du Conseil d'État.

1840. — Sur les tribunaux de commerce. — Sur les sucrés. — Sur la Banque de France.

1841. — Sur le travail des enfants dans les manufactures. — Sur l'expropriation pour cause d'utilité publique. — Sur la vente judiciaire des biens immeubles. — Sur les Fortifications de Paris.

1842. — Sur le sucre indigène. — Sur la Régence.

1843. — Sur les commissaires priseurs. — Sur les actes notariés. — Sur les modifications relatives à quelques dispositions du Code d'Instruction criminelle.

TRAITÉS.

Traité de la Quadruple Alliance, entre la France, le Portugal, l'Espagne et
 l'Angleterre, pour le rétablissement de la tranquillité dans la Péninsule.
— Avec diverses puissances pour la répression de la traite des noirs.
— De commerce et de navigation avec la république de Bolivie.
— De navigation avec les Pays-Bas.
— De commerce avec la république de la Nouvelle - Grenade.
— Avec l'Autriche, l'Angleterre et la Russie, relatif à la séparation de la
 Belgique des Pays-Bas.
— De commerce avec la Porte-Ottomane.
— De commerce avec le Mexique.
-- Avec la république d'Haïti pour le règlement des indemnités dues aux
 anciens colons.
— Avec l'Angleterre, la Belgique, le royaume des Deux - Siciles et autres
 puissances, pour régler les conventions postales.
— Avec l'Angleterre et la Russie relativement aux affaires d'Orient, etc. etc.

GRANDS TRAVAUX D'UTILITÉ PUBLIQUE.

Caisses d'épargne organisées dans les villes les plus importantes. — Salles
d'asyle pour l'enfance.—Dépôts de mendicité.— Écoles primaires. — Banques
dans les grands centres commerciaux. — Canaux achevés — Maisons péni-
tentiaires créées. — Grandes routes stratégiques dans l'Ouest. — Routes
royales et chemins vicinaux établis. — Haras.— Chambres du commerce et
des manufactures.

Établissement des grandes lignes de chemins de fer : de Lyon à St-Étienne,
de Montpellier à Cette, de Montpellier à Nîmes, de Nîmes à Beaucaire, de Lille
à Valenciennes, de Paris à Versailles, à St.-Germain, à Rouen,[à Orléans, de
Bordeaux à la Teste, de Strasbourg à Bâle. — Lignes de paquebots à vapeur
organisés pour l'Amérique, et dans la Méditerranée. — Expositions de l'indu-
strie française. — Monument de Juillet sur la place de la Bastille ; — Agrandissement des quais de Paris ; — Embellissement des boulevarts ;—Percement
de vastes rues ; — Agrandissement du Palais-de-Justice; — Abattoirs publics; — Fontaine de Grenelle ;—Achèvement de la Madeleine, de l'arc de
triomphe de l'Étoile ; — Embellissements de la place de la Concorde ; — Des
Champs-Élysées ; — Restauration de l'Hôtel - de - Ville ; — De St-Germain-
l'Auxerrois ; — Achèvement du palais des Beaux-Arts; Érection de l'Obélis-
que de Luxor; — Tombeau de Napoléon à l'Hôtel des Invalides ; — Création
du Musée de Versailles ; — Achèvement de l'Hôtel d'Orsay ; — Place et Fontaine Richelieu ; — Pont Louis-Philippe; — Fontaine Molière.

Forts et fortifications de Paris.

FAMILLE DE SA MAJESTÉ LOUIS PHILIPPE.

Les enfants issus du mariage de S. M. LOUIS-PHILIPPE avec
MARIE-AMÉLIE, fille de feu Ferdinand Ier, roi des Deux-Siciles,
sont :

1° Feu Ferdinand-Philippe-Louis-Charles-Henri d'Orléans,
duc d'ORLÉANS, PRINCE ROYAL (1), né à Palerme, le 3 septembre
1810, marié, le 30 mai 1837, à Hélène-Louise-Elisabeth, née
le 24 janvier 1814, fille de feu Frédéric-Louis, prince hérédi-
taire de MECKLENBOURG-SCHWERIN et de feue Caroline-Louise
de SAXE-WEYMAR , mort le 13 juillet 1842, ayant eu de ce
mariage :

Louis-Philippe-Albert d'Orléans, COMTE DE PARIS, prince
royal actuel, né à Paris le 24 août 1838.

Et Robert-Philippe-Louis-Eugène-Ferdinand d'Orléans, DUC
DE CHARTRES, né à Páris le 9 novembre 1840.

2° Louis-Charles-Philippe-Raphaël d'Orléans, DUC DE NE-
MOURS, né à Paris le 25 octobre 1814, marié, le 27 avril 1840,
à Victoire-Antoinette-Auguste, princesse de SAXE-COBOURG-
GOTHA, née à Vienne le 16 février 1822, dont est issu :

Louis-Philippe-Marie-Ferdinand-Gaston d'Orléans , COMTE
D'EU, né à Neuilly, le 29 avril 1842.

3° François - Ferdinand - Philippe - Louis - Marie d'Orléans ,
PRINCE DE JOINVILLE, né à Neuilly le 14 octobre 1818, marié, le
1er mai 1843, à Françoise-Caroline-Jeanne-Charlotte-Léopol-
dine-Romaine-Xavière-de-Paula-Michel-Gabrielle-Raphaël-Gon-
zaga, PRINCESSE DU BRÉSIL, fille de dom Pedro de Alcantara de
Bragance et de Bourbon, premier empereur du Brésil, et de
princesse Caroline-Joseph-Léopoldine, archiduchesse d'Autriche, IMPÉRATRICE DU BRÉSIL.

4° Henri-Eugène-Philippe-Louis-d'Orléans, DUC D'AUMALE,
né à Paris le 16 janvier 1822.

---

(1) Une inscription complète des services de feu son altesse royale le duc d'Orléans
(F.-P.-L.-C.-H.), sera placée dans les ARCHIVES HISTORIQUES, à la *Direction, rue
Richelieu, 95, à Paris.*

5° Antoine-Marie-Philippe-Louis d'Orléans, DUC DE MONT-PENSIER, né à Neuilly le 13 juillet 1824.

6° Louise-Marie-Thérèse-Charlotte-Isabelle, PRINCESSE D'ORLÉANS, née à Palerme le 3 avril 1812, mariée le 9 août 1832 à Léopold-Georges-Chrétien-Frédéric, ROI DES BELGES, duc de Saxe, prince de Cobourg-Gotha, né le 16 décembre 1790.

7° Feu Marie-Christine-Caroline-Adélaïde-Françoise-Léopoldine, PRINCESSE D'ORLÉANS, née à Palerme le 12 mai 1813, mariée, en 1837, à Frédéric-Guillaume-Alexandre DUC DE WURTEMBERG, morte le 2 janvier 1839, de ce mariage est issu :

Philippe-Alexandre-Marie-Ernest de Wurtemberg, né à Neuilly le 30 juillet 1838.

8° Marie-Clémentine-Caroline-Léopoldine-Clotilde, PRINCESSE D'ORLÉANS, née à Neuilly le 3 juin 1813, mariée, le 20 avril 1843, au prince Auguste de SAXE-COBOURG GOTHA, né le 17 juin 1818.

SŒUR DE SA MAJESTÉ :

Eugénie-Adélaïde-Louise, PRINCESSE D'ORLÉANS, née le 25 août 1777.

Voir les Notices (Inscriptions des services) de leurs altesses royales le DUC DE NEMOURS, le PRINCE DE JOINVILLE et le DUC D'AUMALE, publiés dans l'Annuaire historique et biographique de France, des souverains, etc., etc., année 1844, à la DIRECTION DES ARCHIVES, *rue Richelieu*, 95, *à Paris.*

Des Notices se publient aussi dans le même ouvrage et en extraits, sur les maisons impériales et royales, et sur celles des princes régnants auxquelles la famille de Sa Majesté LOUIS-PHILIPPE est alliée.

Imprimerie de Wittersheim, 8, rue Montmore.